Que vois-tu dans le ciel?

Il y a un **avion**.

LES CHOSES QUI VONT...

DANS LE CIEL

Un livre de la collection
Les racines de Crabtree

CHRISTINA EARLEY

CRABTREE
Publishing Company
www.crabtreebooks.com

Soutien de l'école à la maison pour les parents, les gardiens et les enseignants

Ce livre aide les enfants à se développer grâce à la pratique de la lecture. Voici quelques exemples de questions pour aider le lecteur ou la lectrice à développer ses capacités de compréhension. Les suggestions de réponses sont indiquées en rouge.

Avant la lecture

- De quoi ce livre parle-t-il?
  - *Je pense que ce livre parle des véhicules qui volent dans le ciel.*
  - *Je pense que ce livre parle des types de véhicules qui se déplacent dans les airs.*

- Qu'est-ce que je veux apprendre sur ce sujet?
  - *Je veux savoir quels types de véhicules peuvent voler dans le ciel.*
  - *Je veux apprendre les différents types de véhicules qui se déplacent dans les airs.*

Pendant la lecture

- Je me demande pourquoi...
  - *Je me demande pourquoi les hélicoptères volent dans le ciel.*
  - *Je me demande pourquoi les montgolfières volent dans le ciel.*

- Qu'est-ce que j'ai appris jusqu'à présent?
  - *J'ai appris que les avions volent dans le ciel.*
  - *J'ai appris que les montgolfières vont dans les airs.*

Après la lecture

- Nomme quelques détails que tu as retenus.
  - *J'ai appris que différents types de véhicules se déplacent dans les airs.*
  - *J'ai appris que les gens ont des véhicules particuliers pour les aider à se déplacer dans le ciel.*

- Lis le livre à nouveau et cherche les mots de vocabulaire.
  - *Je vois le mot* ***planeur*** *à la page 8 et le mot* ***montgolfière*** *à la page 10. Les autres mots de vocabulaire se trouvent à la page 14.*

Il y a un **hélicoptère**.

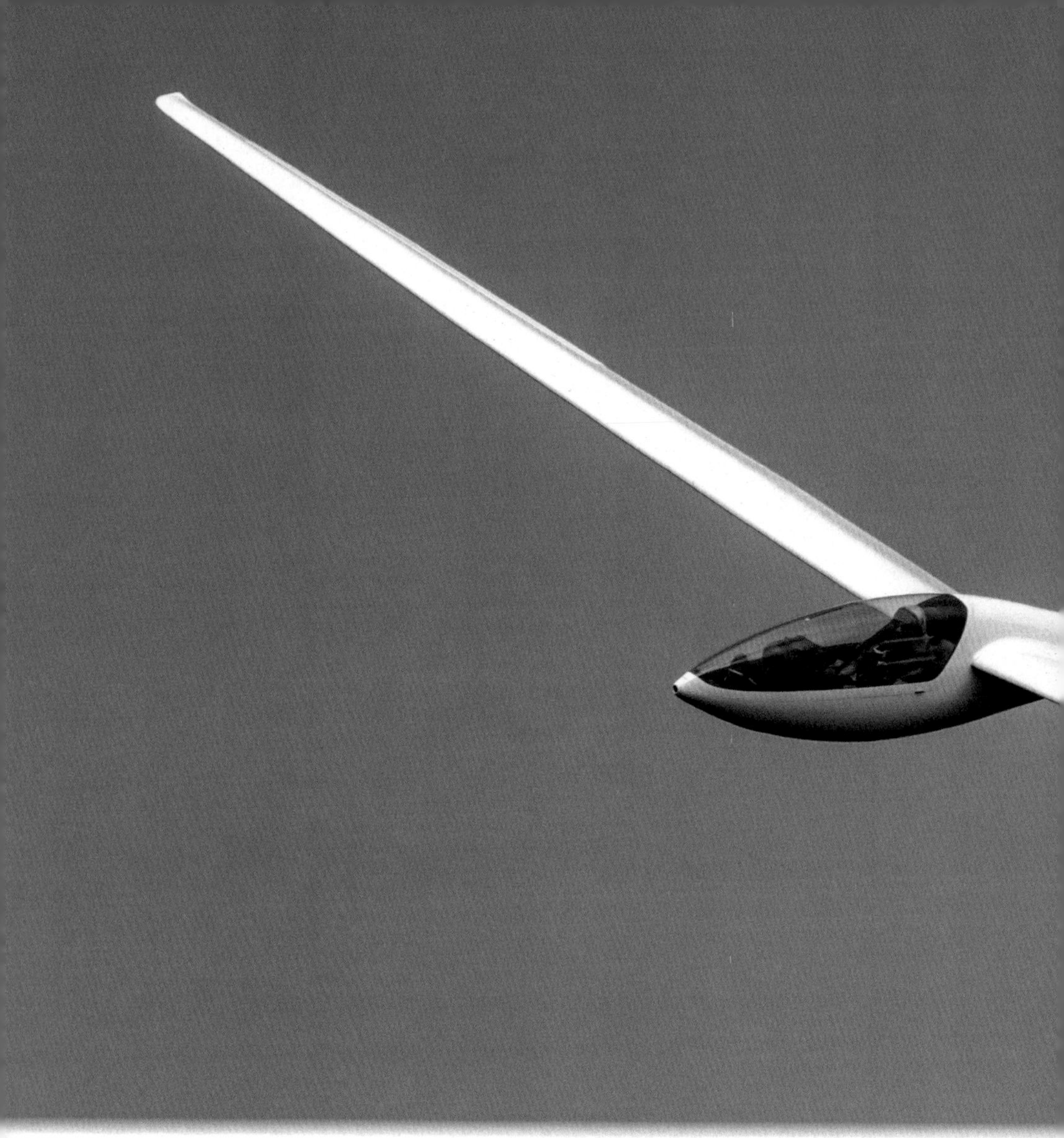

Il y a un **planeur**.

Il y a une **montgolfière**.

Je vois plusieurs choses dans le ciel.

Liste de mots

Mots courants

dans
il y a
je
le
plusieurs
que
un
une
vois

La boîte à mots

avion

hélicoptère

montgolfière

planeur

32 mots

Que vois-tu dans
le ciel?

Il y a un **avion**.

Il y a un **hélicoptère**.

Il y a un **planeur**.

Il y a une **montgolfière**.

Je vois plusieurs
choses dans le ciel.

LES CHOSES QUI VONT...

DANS LE CIEL

CRABTREE Publishing Company

Autrice : Christina Earley
Conception : Rhea Wallace
Développement de la série : James Earley
Correctrice : Janine Deschenes
Conseils pédagogiques : Marie Lemke M.Ed.
Traduction : Annie Evearts
Coordinatrice à l'impression : Katherine Berti
Références photographiques : Shutterstock : Benny Marty : couverture, p. 1; VisanuPhotoshop : p. 3, 14; muratart : p. 5, 14; FotoRequest : p. 6, 14; Colombo Nicola : p. 8-9, 14; AlecTrusler2015 : p. 11, 14; Kertu : p. 12-13

Crabtree Publishing Company
www.crabtreebooks.com 1-800-387-7650

Publié aux États-Unis
Crabtree Publishing
347 Fifth Avenue
Suite 1402-145
New York, NY, 10016

Publié au Canada
Crabtree Publishing
616 Welland Ave.
St. Catharines, Ontario
L2M 5V6

Imprimé au Canada/062021/CPC

Catalogage avant publication de Bibliothèque et Archives Canada

Titre: Dans le ciel / Christina Earley ; texte français d'Annie Evearts.
Autres titres: In the sky. Français
Noms: Earley, Christina, auteur.
Description: Mention de collection: Les choses qui vont... | Les racines de Crabtree | Traduction de : In the sky. | Comprend un index.
Identifiants: Canadiana (livre imprimé) 20210258365 | Canadiana (livre numérique) 20210258411 | ISBN 9781039607033 (couverture souple) | ISBN 9781039607088 (HTML) | ISBN 9781039607132 (EPUB) | ISBN 9781039607187 (livre numérique avec narration)
Vedettes-matière: RVM: Aéronefs—Ouvrages pour la jeunesse. | RVMGF: Documents pour la jeunesse.
Classification: LCC TL600 .E2714 2022 | CDD j629.133—dc23